Carsten Tell

Phaedrus, Fabeln

Vorwort

Liebe Schülerin und lieber Schüler,

du kennst bestimmt folgende Eigenschaften von dir bekannten Tieren:
- der listige Fuchs
- der störrische Esel
- das dumme Schaf
- die leichtgläubige Krähe
- der treue Hund
- …

Die Frage ist allerdings, wie kommen wir dazu, diesen Tieren diese Eigenschaften zuzuschreiben? Auf welcher Grundlage stellen wir eine Verbindung her zwischen einem Tier und einer doch eher menschlichen Verhaltensweise? Und, was hat das alles mit dir zu tun?

Vielleicht kennst du noch die ein oder andere Geschichte aus dem Deutschunterricht – dein noch vorhandenes Hintergrundwissen kann dir helfen, dich den lateinischen Texten zu nähern. Außerdem unterstützen wir deine Arbeit an den Texten folgendermaßen:
- Vorerschließende Aufgaben mit unterschiedlichen Einstiegen führen dich schrittweise an Inhalt und Sprache der Texte heran und helfen dir, einen Zugang zu den Texten zu finden.
- Interpretations- und Kreativaufgaben vernetzen die Texte und spannen den Bogen zur heutigen Welt. Hier geht es auch immer um die Frage: Was hat das mit mir und meinem Leben zu tun?
- Die Übersetzungstexte sind binnendifferenziert, sodass du aus verschiedenen Schwierigkeitsstufen wählen kannst.

Inhalt

1. Die Krähe und der Pfau: graculus superbus et pavo (I,3) 4
2. Der Fuchs und der Rabe: vulpes et corvus (I,13) 8
3. Zwei Esel und die Räuber: muli duo et latrones (II,7) 12
4. Esel und Löwe auf der Jagd: asinus et leo venantes (I,11) 16
5. Der Wolf und das Lamm: lupus et agnus (I,1) 20
6. Die Frösche wollten einen König: ranae regem petiverunt (I,2) 24
7. Der Wolf zum Hund: lupus ad canem (III,7) 28

Übersetzungstexte mit Binnendifferenzierung

Ein weiter Zeilenabstand gibt Raum für eigene Anmerkungen.

Zur Binnendifferenzierung stehen die Übersetzungstexte in drei Varianten mit unterschiedlichem Schwierigkeitsgrad zur Verfügung:

1. Der Basistext ist mit nur wenigen Hilfen, meist zum Wortschatz, ausgestattet.
2. Bei Bedarf kann man erweiterte Wortschatz- und Grammatikhilfen hinzufalten. Und so geht's:

3. Wer noch mehr Unterstützung benötigt, darf einmal umblättern und auf die dritte Variante zurückgreifen:
   - Hier ist der lateinische Text teilweise kolometrisch angeordnet und stellenweise die Satzstellung vereinfacht.
   - Die wichtigsten Satzglieder sind farbig hervorgehoben: Subjekte (blau), Prädikate (rot).
   - Zwischen den Zeilen stehen weitere Hilfen und Teilübersetzungen bei schwierigen Stellen (interlineare Hilfen).

1. Die Krähe und der Pfau: graculus superbus et pavo

Aufgaben zur Texterschließung

1. a) Sammle Begriffe, die du mit dem Bild assoziierst.

   b) Wie wird es dem Fisch wohl ergehen?

   c) Welche »Moral« würdest du aus dem Bild ableiten?

2. a) Unterstreiche im Text (V. 4–7 und 9b–11) die Prädikate und verschaffe dir einen ersten Überblick darüber, was die Krähe *(graculus)* unternimmt und wie sie sich fühlt. Achte dabei auch auf die Partizipien.

   b) Liste auf, wie die Pfauen *(pavo)* auf die Handlungen der Krähe reagieren (V. 8–9a). Achte dabei auch auf die Partizipien.

Versangabe	Handlungen/Gefühle der Krähe	Handlungen der Pfauen
Möglicher Ablauf		

3. Ab Vers 12 kehrt die Krähe wieder zu ihren Artgenossen zurück. Versetze dich in ihre Lage und notiere kurz, was du der Krähe mitteilen würdest.

1. Die Krähe und der Pfau: graculus superbus et pavo

1 Ne gloriari libeat alienis bonis,

suoque potius habitu vitam degere,

3 Aesopus nobis hoc exemplum prodidit.

gloriari: sich rühmen
vitam degere: Leben führen
potius: vielmehr
Aesopus: Äsop: *Fabeldichter (um 600 v. Chr.)*

Tumens inani graculus superbia

5 pennas, pavoni quae deciderant, sustulit,

seque exornavit. Deinde, contemnens suos,

7 se immiscuit pavonum formoso gregi.

tumēre: aufgeblasen sein
grāculus, -ī *m.:* Krähe
pāvō, pāvōnis *m.:* Pfau
dēcidere, dēcidō, dēcidī: herunterfallen
contemnēns: *bezieht sich auf* grāculus

Illi impudenti pennas eripiunt avi,

9 fugantque rostris. Male mulcatus graculus

redire maerens coepit ad proprium genus,

11 a quo repulsus tristem sustinuit notam.

impudēns: unverschämt
rōstrum, -ī *n.:* Schnabel
male mulcātus: übel zugerichtet
maerēre: traurig sein
trīstis nota: Beschimpfung

Tum quidam ex illis, quos prius despexerat:

13 »Contentus nostris si fuisses sedibus

et, quod natura dederat, voluisses pati,

15 nec illam expertus esses contumeliam

nec hanc repulsam tua sentiret calamitas.«

prius: früher
contentus … voluissēs patī: *Achtung: Der Konditionalsatz wird durch den Nebensatz (eingeleitet durch quod) unterbrochen.*
experīrī, experior, expertus sum: erleiden
contumēlia, -ae *f.:* Beschimpfung
repulsa, -ae *f.:* Abweisung

1. Die Krähe und der Pfau: graculus superbus et pavo

Aufgaben zum Textverständnis und zur Interpretation

4. Stelle Vermutungen darüber an, welche Motive die Handlungen der Krähe geleitet haben.

5. Wie würdest du an der Stelle der anderen Krähen auf die optische Veränderung deines Artgenossen reagieren?

6. Die Lehre einer Fabel kann als allgemeingültige Aussage aufgefasst werden. Hast du in deinem Umfeld auch ein ähnliches Verhalten beobachten können? Berichte deinen Mitschülerinnen und Mitschülern davon.

7. Vergleiche die Bearbeitung von Gotthold Ephraim Lessing (1729-1781) mit Phaedrus' Fabel.

> Eine stolze Krähe schmückte sich mit den ausgefallenen Federn der farbigen Pfaue und mischte sich kühn, als sie genug geschmückt zu sein glaubte, unter diese glänzenden Vögel der Juno. Sie ward erkannt, und schnell fielen die Pfaue mit scharfen Schnäbeln auf sie, ihr den betrügerischen Putz auszureißen.
> »Lasset nach!«, schrie sie endlich, »ihr habt nun alle das Eurige wieder.« Doch die Pfaue, welche einige von den eigenen glänzenden Schwingfedern der Krähe bemerkt hatten, versetzten: »Schweig, armselige Närrin, auch diese können nicht dein sein!« – und hackten weiter.

Phädrus	Lessing

1. Die Krähe und der Pfau: graculus superbus et pavo

1 Ne libeat alienis bonis gloriari,
Dass es nicht erlaubt sei …

potius suo habitu vitam degere,
sondern man vielmehr … führen soll

3 Aesopus nobis hoc exemplum prodidit.
dafür hat uns Äsop

Graculus, tumens inani superbia,
aufgeblasen vor eitlem

5 pennas sustulit,
hob … auf

quae pavoni deciderant,
die Dat. (wem?) Plusquamperfekt

seque exornavit. Deinde, contemnens suos,
ihre Artgenossen verachtend

7 se immiscuit formoso gregi pavonum.
mischte sie sich unter + Dat.

Illi impudenti avi pennas eripiunt,
Dat. (wem?)

9 fugant rostris. Male mulcatus graculus
Übel zugerichtet

et maerens coepit ad proprium genus redire,
und traurig begann die Krähe, zu …

11 a quo tristem notam sustinuit.
(a quo bezieht sich auf genus) von dem sie … ertragen musste.

Tum quidam ex illis (ergänze: *dixit*),

quos prius despexerat:
quos bezieht sich auf illis   Subjekt des NS: graculus

13 »Si contentus fuisses nostris sedibus
»Wenn du zufrieden gewesen wärest …

et si voluisses pati,
und wenn du hättest ertragen können,

quod natura dederat,
was …

15 nec expertus esses illam contumeliam
dann hättest du nicht

nec calamitas tua hanc repulsam sentiret.«

---

nē: dass nicht; **glōriārī:** sich rühmen; **libet:** es ist erlaubt; **bona,** -ōrum *n. Pl.*: Güter
potius: vielmehr; **habitus,** -ūs *m.*: Gewand, Kleidung; **vītam dēgere:** Leben führen
Aesōpus: Äsop: *Fabeldichter (um 600 v. Chr.);* **prōdere,** prōdō, prōdidī: überliefern
tumēre: aufgeblasen sein *(hier Partizip Präsens im Nom. Sg., kongruent zu* grāculus*);* **inānis:** wertlos, eitel *(hier Abl. Sg., kongruent zu* superbiā*);* **grāculus,** -ī *m.*: Krähe
penna, -ae *f.*: Feder; **tollere,** tollō, sustulī: aufheben
quae: *Relativpronomen Nom. Pl. f., bezieht sich auf* pennas: pennās, quae pāvōnī dēciderant; **pāvō,** pāvōnis *m.*: Pfau *(hier im Dativ);* **dēcidere,** dēcidō, dēcidī: herunterfallen
suōs: *Akk. Pl.*: Artgenossen
contemnēns: *bezieht sich auf* grāculus
grex, gregis *m.*: Schar, Herde
illī: *gemeint sind die Pfaue;* **impudēns:** unverschämt *(hier Dat. Sg. kongruent zu* avī*);* **ēripere:** ausreißen
fugāre: in die Flucht schlagen; **rōstrum,** -ī *n.*: Schnabel; **male mulcātus:** übel zugerichtet; **maerēre:** traurig sein *(bezieht sich auf* graculus*);* **proprius,** -a, -um: eigen
repulsus → repellere: *vorzeitiges PC, löse mit Beiordnung auf und binde es mit »und« an;* **trīstis nota:** Beschimpfung
quīdam ex illīs: eine von denen
prius: zuvor; **dēspicere,** dēspiciō, dēspexī: herabblicken auf … *(Subjekt ist* grāculus*)*
sī … contentus fuissēs … et … voluissēs, … nec expertus essēs … nec … sentīret: *irrealer Bedingungssatz: Achte bei der Übersetzung darauf, wo Konjunktiv Plusquamperfekt, wo Konjunktiv Imperfekt steht*
fuisse!! → esse
patī: ertragen *(Deponens → aktive Übersetzung)*
experīrī, experior, expertus sum: erleiden *(Deponens → aktive Übersetzung)*
contumēlia, -ae *f.*: Beschimpfung
repulsa, -ae *f.*: Abweisung
tua calamitās: du Unglückliche

2. Der Fuchs und der Rabe: vulpes et corvus

Aufgaben zur Texterschließung

1. Folgende Situation: Ein(e) Mitschüler(in) hat eine neue WhatsApp-Gruppe eröffnet, dich aber außen vor gelassen. Deshalb überlegst du, wie du ihn/sie dazu bringen kannst, dich in die Gruppe aufzunehmen. Notiere Ideen und spiele sie deiner Klasse vor.

2. Beschreibe das Bild und überlege dir eine mögliche Handlung, die dem Bild vorausgeht und sich anschließt. Füge aus dem lateinischen Text passende Formulierungen hinzu.

3. Gliedere den Text anhand äußerer Merkmale (z. B. Satzeinleitungen, Erzählformen).

4. Eine Fabel kann nach folgenden Bausteinen gegliedert werden.
Weise diese Bausteine im lateinischen Text nach.

A) Promythion (vorangestellter Lehrsatz) *oder* E)	V.
B) Expositio (Ausgangssituation)	V.
C) Konfliktsituation	V.
– Actio (Aktion oder Rede)	V.
– Reactio (Reaktion oder Gegenrede)	V.
D) Lösung/Ergebnis	V.
E) Epimythion (nachgestellter Lehrsatz)	V.

5. Unterstreiche Subjekte und Prädikate. Markiere auch die Konnektoren.

2. Der Fuchs und der Rabe: vulpes et corvus

1 Quae se laudari gaudent verbis subdolis,

   serae dant poenas turpi paenitentia.

3 Cum de fenestra corvus raptum caseum

   comesse vellet celsa residens arbore,

5 vulpes hunc vidit, deinde sic coepit loqui:

   »O, qui tuarum, corve, pennarum est nitor!

7 Quantum decoris corpore et vultu geris!

   Si vocem haberes, nulla prior ales foret.«

9 At ille stultus, dum vult vocem ostendere,

   emisit ore caesum, quem celeriter

11 dolosa vulpes avidis rapuit dentibus.

   Tum demum ingemuit corvi deceptus stupor.

---

subdolus: hinterlistig, arglistig
sēra: später; **poenās dare:** bestraft werden; **paenitentia,** -ae *f.*: Reue

comēsse: aufessen
resīdēns → resīdere: sich niederlassen
vulpēs, -is *f.*: Füchsin

quī … nitor: welcher Glanz
quantus: wie groß, wie viel; **decus,** -oris *n.*: Ehre, Schönheit
foret = esset
āles, -litis *m./f.*: Vogel
prior: überlegen (*im Sinne von* besser)

ēmittere → ē-mittere
dolōsus → subdolus
avidus: gierig
dēmum: zuletzt, endlich
ingemīscere, -gemuī: stöhnen
dēceptus → dēcipere: täuschen
stupor, -ōris *m.*: Dummheit

2. Der Fuchs und der Rabe: vulpes et corvus

Aufgaben zum Textverständnis und zur Interpretation

6. In der Fabel tauchen die beiden Tiere vulpes (Fuchs) und corvus (Rabe) auf.

   a) Notiere, welche Eigenschaften du mit diesen Tieren verbindest. Arbeite dann heraus, welche Eigenschaften sie im Text zeigen (mit Versangabe).

corvus (tradionell _____)	vulpes (traditionell _____)

   b) Wie werden sie im Text bewertet (Wer erscheint positiv, wer negativ?)? Stimmst du mit dieser Bewertung überein? Begründe.

   c) Versetze dich in die Lage des Fuchses / des Raben. Beschreibe deine Gefühle.

corvus	vulpes

7. Der Dichter Gotthold Ephraim Lessing (1729–1781) hat auch eine Fabel mit dem Titel »Der Rabe und der Fuchs« verfasst. Lies dir die Fabel durch und untersuche, welche inhaltlichen Gemeinsamkeiten/Unterschiede zu sehen sind.

> Ein Rabe trug ein Stück vergiftetes Fleisch, das der erzürnte Gärtner für die Katzen seines Nachbarn hingeworfen hatte, in seinen Klauen fort.
>
> Und eben wollte er es auf einer alten Eiche verzehren, als sich ein Fuchs herbeischlich und ihm zurief: »Sei mir gesegnet, Vogel des Jupiter!« »Für wen siehst du mich an?«, fragte der Rabe. »Für wen ich dich ansehe?« erwiderte der Fuchs. »Bist du nicht der rüstige Adler, der täglich von der Rechten des Zeus auf diese Eiche herabkommt, mich Armen zu speisen? Warum verstellst du dich? Sehe ich denn nicht in der siegreichen Klaue die erflehte Gabe, die mir dein Gott durch dich zu schicken noch fortfährt?«
>
> Der Rabe erstaunte und freute sich innig, für einen Adler gehalten zu werden. »Ich muß«, dachte er, »den Fuchs aus diesem Irrtum nicht bringen.« – Großmütig dumm ließ er ihm also seinen Raub herabfallen und flog stolz davon.
>
> Der Fuchs fing das Fleisch lachend auf und fraß es mit boshafter Freude. Doch bald verkehrte sich die Freude in ein schmerzhaftes Gefühl: Das Gift fing an zu wirken, und er verreckte.
> Möchtet ihr euch nie etwas anderes als Gift erloben, verdammte Schmeichler!

2. Der Fuchs und der Rabe: vulpes et corvus

1 Quae se gaudent   verbis subdolis   laudari
   Wer sich darüber freut

   serae dant poenas   turpi paenitentia.
   der wird später bestraft

3   Cum corvus caseum [de fenestra raptum]
    Als   , den er von einem Fenster geraubt hatte,

    comesse vellet(,)

    residens celsā arbore,
    und sich

5 vulpes hunc vidit, deinde sic coepit loqui:

    »O corve, qui nitor tuarum pennarum est!
                  von welchem Glanz sind deine Federn!

7 Quantum decoris   corpore et vultu   geris!
   Welche große Schönheit …

    Si vocem haberes, nulla ales prior foret.«
    Wenn du   hättest,   dann wäre …

9 At ille stultus,

    dum vult vocem ostendere,
    während er

   emisit ore caesum,
   verlor

    quem celeriter
    den

11   dolosa vulpes   avidis dentibus   rapuit.

   Tum demum ingemuit deceptus stupor corvi.

---

quae: *hier:* wer; **gaudēre:** sich freuen (*es folgt ein AcI:* sē … laudārī); **subdolus:** hinterlistig, arglistig; **laudārī:** *Präsens Passiv von* laudāre: loben; **sērae:** später; **poenās dare:** bestraft werden; **turpis, e:** hässlich, schändlich; **paenitentia, -ae** *f.:* Reue

cum … cāseum: *übersetze in der Reihenfolge:* cum corvus cāseum [dē fenestrā raptum]^PC; **corvus, -ī** *m.:* Rabe; **rapere,** rapiō, rapuī, raptum: rauben; **cāseus, -ī** *m.:* Käse; **comēsse:** aufessen; **resīdēns:** *PPA von* resīdere, *bezieht sich auf* corvus: sich niederlassen; *wo?* → celsā arbore; **vulpēs, -is** *f.:* Füchsin; **hunc:** Akk. Sg. von hic, haec, hoc, *gemeint ist der Rabe*; **loquī:** sprechen

quī nitor (tuārum pennārum): welcher Glanz; **penna -ae** *f.:* Feder

quantus: wie groß, wie viel; **decus, -oris** *n.:* Ehre, Schönheit; **vultus, -ūs** *m.:* Gesicht; **gerere:** tragen

sī … habērēs … foret: *irrealer Bedingungssatz;* **foret** = esset
āles, -litis *m./f.:* Vogel; **prior:** überlegen (*im Sinne von* besser)

stultus, -a, -um: dumm
ostendere: zeigen
ēmittere → ē-mittere: verlieren
ōs, ōris *n.:* Mund
quem: *Relativpronomen im Akk. Sg., bezieht sich auf* cāseum: (den Käse), den

dolōsus, -a, -um: listig; **avidus, -a, -um:** gierig (*hier Abl. Pl., gehört zu* dentibus); **dēns,** dentis *m.:* Zahn; **rapere,** rapiō, rapuī, raptum: rauben

dēmum: zuletzt, endlich; **ingemīscere, -gemuī:** stöhnen; **dēceptus:** getäuscht; **stupor, -ōris** *m.:* Dummheit; *Achtung: Subjekt ist hier nicht der Rabe* (corvī = *Genitiv*), *sondern* stupor

3. Zwei Esel und die Räuber: muli duo et latrones

Aufgaben zur Texterschließung

1. Beschreibe das Bild und erläutere, was die beiden Esel voneinander unterscheidet.

2. Notiere, was die Esel in dieser Situation voneinander denken könnten.

3. Schon aus dem Titel der folgenden Fabel *muli duo et latrones* lassen sich drei Handlungsträger herausstellen. Ordne ihnen die Prädikate (mit Versangabe) zu.

unus mulus	alter mulus	latrones

4. »Wenn zwei das Gleiche tun, ist es noch lange nicht dasselbe.« Wende dieses Zitat auf den lateinischen Text an, indem du ausgehend von der ersten Aufgabe herausstellst, was die beiden Esel voneinander unterscheidet.

5. In Aufgabe 3 hast du herausgearbeitet, dass die zwei Esel als Handlungsträger unterschiedliche Tätigkeiten ausführen. Somit werden diese als Gegensatzpaare dargestellt. Arbeite aus dem Text weitere Gegensätze (Antithesen) heraus.

3. Zwei Esel und die Räuber: muli duo et latrones

1 Muli gravati sarcinis ibant duo:

unus ferebat fiscos cum pecunia,

3 alter tumentes multo saccos hordeo.

ille onere dives celsa cervice eminet,

5 clarumque collo iactat tintinnabulum;

comes quieto sequitur et placido gradu.

7 Subito latrones ex insidiis advolant,

interque caedem ferro mulum sauciant,

9 diripiunt nummos, neglegunt vile hordeum.

Spoliatus igitur casus cum fleret suos,

11 »Equidem«, inquit alter, »me contemptum gaudeo.

Nam nil amisi, nec sum laesus vulnere.«

13 *--- Epimythion weggelassen ----*

mūlus, -ī *m.*: Esel; **gravatus:** beladen
sarcina, -ae *f.*: Last
fiscus, -ī *m.*: Korb
tumēns (*Gen.*: tumentis): *hier:* prall gefüllt; **hordeum**, -ī *n.*: Gerste

celsus: hoch, erhaben; **cervīx**, cervīcis *f.*: Nacken; **ēminēre:** sich bemerkbar machen
tintinnābulum, -ī *n.*: Glöckchen

advolāre: herbeifliegen, -eilen
sauciāre: verwunden
neglegere, -lēxī, -lēctum: nicht beachten
vīlis, e: billig, wertlos

spoliāre: (be)rauben; *hier wird das Partizip wie ein Substantiv verwendet;*
cāsus, -ūs *m.*: Fall, Zufall (*Pl.*: Schicksal); **flēre:** (be)weinen
contemptum: *erg.* esse
nīl = nihil

3. Zwei Esel und die Räuber: muli duo et latrones

Aufgaben zum Textverständnis und zur Interpretation

6. Die Moral wurde hier weggelassen. Formuliere auf Grundlage deiner Übersetzung selbst eine Lehre und vergleiche diese im Anschluss mit der ursprünglichen Lehre der Fabel.

Hoc argumento tuta est hominum tenuitas;

magnae periclo sunt opes obnoxiae.

argumentum, -i *n.*: Geschichte
tutus, -a, -um: geschützt, sicher
tenuitas, -atis, *f.*: Einfachheit
periclo = periculo; **opes** (*Nom. Pl.*): Reichtümer
obnoxius: preisgegeben, ausgesetzt

7. Macht Reichtum glücklich? Notiere für dich, was du unter »Reichtum« verstehst und welche Bedingungen erfüllt werden müssen, damit Reichtum dich glücklich macht.

8. Notiere, was in einem der Esel nach dem Überfall vorgeht: Beschreibe die Situation aus seiner Sicht. Du kannst dazu auch den folgenden Wortspeicher nutzen:

> Stolz – Hochmut – Verrat – Erniedrigung – Trauer – Einsamkeit – Schmerz – Dankbarkeit – Spott – Armut – Reichtum – Anteilnahme – Glück – Zufriedenheit – Demut

3. Zwei Esel und die Räuber: muli duo et latrones

1 Muli duo gravati sarcinis ibant:

unus ferebat fiscos cum pecunia,
der eine trug

3 alter [ferebat] saccos tumentes multo hordeo.
der andere

ille onere dives celsa cervice eminet,

5 clarumque collo iactat tintinnabulum;
und lässt an seinem Hals ein klares Glöckchen baumeln.

comes quieto et placido gradu sequitur.

7 Subito latrones ex insidiis advolant,

interque caedem ferro mulum sauciant,

9 diripiunt nummos, neglegunt vile hordeum.

Cum spoliatus igitur casus suos fleret,
Als der Beraubte

11 »Equidem«, inquit alter, »gaudeo me contemptum esse.
Ich für meinen Teil, *dass ich nicht beachtet wurde.*

Nam nil amisi, nec sum laesus vulnere.«
1. Pers. Sg. Perf.

13 --- *Epimythion weggelassen* ---

mūlus, -ī *m.*: Esel (*dazu gehört* duo); **gravātus**: beladen
sarcina, -ae *f.*: Last; **īre**: gehen
fiscus, -ī *m.*: Korb
alter: der andere (*ergänze* ferēbat);
tumēns (*Gen.*: tumentis): *hier:* prall gefüllt (→ womit), *dazu gehört* saccōs;
hordeum, -ī *n.*: Gerste

onus, oneris *n.*: Last; **dīves:** reich (+ Abl.)
celsus: hoch, erhaben; **cervīx**, cervīcis *f.*: Nacken; **ēminēre:** sich bemerkbar machen
collum, -ī *n.*: Hals; **iactāre:** baumeln lassen
tintinnābulum, -ī *n.*: Glöckchen
comes: Begleiter; **gradus**, -ūs *m.*: Schritt (*hier Abl. Sg., kongruent mit* quiētō et placidō); **sequī:** folgen (*Deponens* → *aktive Übersetzung*)

latrō, latrōnis *m.*: Räuber; **īnsidiae**, -ārum *f.*: Hinterhalt *(im Lat. ein Pluralwort)*; **advolāre:** herbeieilen; **inter caedem:** im Gemetzel; **ferrum**, -ī *n.*: Schwert; **sauciāre:** verwunden; **dīripere:** rauben; **nummus**, -ī *m.*: Münze; **neglegere:** nicht beachten; **vīlis**, e: billig, wertlos; **hordeum**, -ī *n.*: Gerste
cum → *Nebensatzeinleitung;* **spoliātus:** der Beraubte; **cāsus**, -ūs *m.*: hier im Pl.: Schicksal (*kongruent mit* suōs); **flēre:** (be)weinen
equidem – *betontes* ego; **contemptum:** *erg.* esse (*Infinitiv Passiv des AcIs; Kopfverb:* gaudeō; *Akkusativ:* mē); **contemnere:** nicht beachten; **nīl** = nihil;
āmittere, āmittō, āmīsī: verlieren; **nec** = neque; **laesus:** verletzt (*wodurch?*); **vulnus**, -eris *n.*: Wunde

4. Esel und Löwe auf der Jagd: asinus et leo venantes

Aufgaben zur Texterschließung

1. Beschreibe das Bild und arbeite heraus, wie die Katze sich selber sieht. Welche Rückschlüsse kann man auf ihren Charakter und ihre Verhaltensweise ziehen?

2. Arbeite aus dem Text heraus (mit Textbelegen!),
   - womit der Löwe *(leo)* seinen Begleiter, den Esel *(asinus)*, beauftragt (V. 4 f.),
   - welche Handlungen der Esel daraufhin ausführt (V. 6 ff.)
   - und welche Konsequenzen die Gejagten *(bestiae)* erfahren (V. 9 f.).

Auftrag	Handlungen des Esels	Konsequenzen für *bestiae*

3. Stelle Vermutungen darüber an,
   - warum der Esel übermütig *(insolens,* V. 12) auf den Ausgang der Jagd reagiert
   - wie der Löwe reagieren könnte.

4. Esel und Löwe auf der Jagd: asinus et leo venantes

1 Virtutis expers, verbis iactans gloriam,

ignotos fallit, notis est derisui.

3 Venari asello comite cum vellet leo,

contexit illum frutice et admonuit simul,

5 ut insueta voce terreret feras,

fugientes ipse exciperet.

      Hic auritulus

7 clamorem subito totis tollit viribus,

novoque turbat bestias miraculo.

9 Quae dum paventes exitus notos petunt,

leonis affliguntur horrendo impetu.

11 Qui postquam caede fessus est, asinum evocat

iubetque vocem premere. Tunc ille insolens:

13 »Qualis videtur opera tibi vocis meae?«

»Insignis«, inquit, »sic ut, nisi nossem tuum

15 animum genusque, simili fugissem metu.«

---

expers, expertis *(+ Gen.)*: frei von
iactāre: hervorheben
īgnōtus: unkundig; **fallere:** täuschen;
dērīsuī esse: zum Gespött werden

vēnārī: jagen; **contegere,** -tegō, -tēxī: verbergen; **frutex,** fruticis *m.*: Gebüsch, Strauch; **simul:** zugleich; **insuētus:** ungewohnt; **fera,** -ae *f.*: wildes Tier

aurītulus, -ī *m.*: Langohr
turbāre: verscheuchen
mīrāculum, -ī *n.*: *hier:* Wunderton

pavēre: sich ängstigen
afflīgere: zu Boden werfen
horrendus: schrecklich

fessus: erschöpft
vōcem premere: ruhig sein
īnsolēns: übermütig

quālis: wie
vidērī: scheinen
opera, -ae *f.*: Einsatz
īnsīgnis: hervorragend
nōssem = nōvissem; **nōvisse:** kennen

4. Esel und Löwe auf der Jagd: asinus et leo venantes

Aufgaben zum Textverständnis und zur Interpretation

4. In dem Titel der Fabel wird der Esel gleichberechtigt mit dem Löwen als Jagender *(venantes)* aufgeführt, allerdings wird der Esel, das körperlich schwächere Tier, als erstes genannt. Wie beurteilst du die vermeintliche Hierarchisierung?

5. Vergleiche die Fabel mit I,3 (die Krähe und der Pfau), indem du Gemeinsamkeiten und Unterschiede in Bezug auf das Verhalten der beiden Tiere und den Ausgang der Fabel auflistest.

I,3 (graculus superbus et pavo)	I,11 (asinus et leo venantes)

6. Stell dir vor, dieser übermütige Esel würde nach der Jagd einem Artgenossen von seiner Hilfe erzählen. Wie würde dieser wohl reagieren? Was könnte er ihm entgegnen?

7. Wie hat der Esel bzw. Löwe auf dich gewirkt? Schildere eine Situation, in der du jemanden wahrgenommen hast wie den Löwen oder wie den Esel.

4. Esel und Löwe auf der Jagd: asinus et leo venantes

1 Virtutis expers, verbis iactans gloriam,
Wenn man seinen Ruhm mit Worten hervorhebt

ignotos fallit, notis est derisui.
wird zum Gespött der Wissenden.

3 Cum leo asello comite venari vellet,
in Begleitung eines Esels

contexit illum frutice et admonuit simul,
verbarg er ihn

5 ut insueta voce feras terreret,
dass er

ipse fugientes exciperet.

Hic auritulus

7 subito totis viribus clamorem tollit,

novoque miraculo bestias turbat.

9 Quae dum paventes exitus notos petunt,
Während sie sich ängstigen und

horrendo impetus leonis affliguntur.
werden sie zu Boden geworfen.

11 Qui postquam caede fessus est, asinum evocat
Nachdem dieser

iubetque vocem premere.

Tunc ille insolens:

13 »Qualis videtur tibi opera vocis meae?«
Wie gefiel dir …

»Insignis«, inquit, »sic ut,
»So hervorragend, dass,

15 nisi tuum animum genusque nossem,
wenn ich nicht … kennen würde

simili metu fugissem.«

---

expers, expertis (+ Gen.): frei von; **iactāre**: hervorheben (*hier Partizip Präsens, bezieht sich auf das Subjekt des Satzes: Übersetze mit einem Nebensatz: Wenn man …*); **īgnōtus**: unkundig → *übersetze als Substantiv!*; **fallere**: täuschen; **dērīsuī esse**: zum Gespött werden

cum → *Nebensatzeinleitung*; **leō**, leōnis *m.*: Löwe (*hier das Subjekt*); **asellus**, -ī *m.*: Esel; **comes**, -itis *m./f.*: Begleiter; **vēnārī**: jagen
contegere, -tegō, -tēxī: verbergen; **frutex**, fruticis *m.*: Gebüsch, Strauch; **admonēre**: ermahnen; **simul**: zugleich; **ut**: dass; **īnsuētus**: ungewohnt; **vōx**, vōcis *f.*: Stimme; **fera**, -ae *f.*: wildes Tier; **fugientēs**: PPA *zu* fugere (*übersetze als Substantiv*); **ipse**: er selbst (= der Löwe, *in diesem Vers Subjekt*); **excipere**: fangen
aurītulus, -ī *m.*: Langohr; **clāmōrem tollere**: ein Geschrei erheben
viribus → **vis**: Kraft
turbāre: verscheuchen
mīrāculum, -ī *n.: hier:* Wunderton

quae: *rel. Satzanschluss:* diese; **dum**: während; **pavēre**: sich ängstigen (*PPA, übersetze beiordnend*); **nōtus**: bekannt; **afflīgere**: zu Boden werfen (*Achtung: Passiv!*); **horrendus**: schrecklich; **impetus**, -ūs *m.*: Angriff

quī: *rel. Satzanschluss:* dieser (= der Löwe); **caedēs**, -is *f.*: das Töten; **fessus**: erschöpft; **ēvocāre**: herausrufen; **vōcem premere**: ruhig sein
īnsolēns: übermütig

quālis tibī vidētur: wie scheint dir/wie gefällt dir
opera, -ae *f.*: Einsatz
īnsīgnis: hervorragend
sīc ut: so (hervorragend), dass
nōssem = nōvissem; **nōvisse**: kennen
nōssem/fūgissem → *1. Pers. Sg. Plusquamperfekt Konjunktiv Aktiv* → *Irrealis der Vergangenheit*

5. Der Wolf und das Lamm: lupus et agnus

Aufgaben zur Texterschließung

1. a) Beschreibe das Bild. – b) Setze das Bild in Beziehung zu dem Begriff »Unterdrückung«.

2. Informiere dich über die Bedeutung der Begriffe *superior* (V. 2) und *inferior* (V. 3) und ordne diese dem Bild zu.

3. Suche alle Wörter aus dem Sachfeld Macht/Unterdrückung aus dem Text heraus.

4. Weise den typischen Aufbau der Fabel nach.

5. In den ersten vier Versen verwendet Phaedrus drei unterschiedliche Tempora. Deute diese Tempuswahl.

6. Durchsuche den Text nach Alliterationen und erkläre, warum Phaedrus diese Stilmittel an der jeweiligen Stelle verwendet hat.

5. Der Wolf und das Lamm: lupus et agnus

1 Ad rivum eundem lupus et agnus venerant

siti compulsi; superior stabat lupus

3 longeque inferior agnus. Tunc fauce improba

latro incitatus iurgii causam intulit:

5 »Cur«, inquit, »turbulentam fecisti mihi

aquam bibenti?« Laniger contra timens:

7 »Qui possum, quaeso, facere, quod quereris, lupe?

A te decurrit ad meos haustus liquor.«

9 Repulsus ille veritatis viribus:

»Ante hos sex menses male«, ait, »dixisti mihi.«

11 Respondit agnus: »Equidem natus non eram.«

»Pater hercle tuus«, ille inquit, »male dixit mihi.«

13 Atque ita correptum lacerat iniusta nece.

Haec propter illos scripta est homines fabula,

15 qui fictis causis innocentes opprimunt.

---

rīvus, -ī *m.*: Bach

sitī compulsus: von Durst getrieben
faux, faucis *f.*: *hier:* Fressgier
latrō: Räuber
iūrgium, -ī *n.*: Streit
causam īnferre: einen Grund vortäuschen

turbulentus: trüb
lāniger: der Wolle tragende

quī?: wie?; **quaesō:** bitte *(eingeschoben)*
querī, queror, questus sum: beklagen
dēcurrere: herunterfließen
haustus, -ūs *m.*: Wasserstelle
liquor = aqua

repellere, reppulī, repulsum: zurückweisen; **male dīcere** *(+ Dat.):* beleidigen

equidem: ich *(betont)*

hercle: beim Herkules!

correptum lacerat: *übersetze:* corripit et lacerat; **corripere**, -ripuī, -reptum: an sich reißen; **lacerāre:** zerreißen; **nex**, necis *f.*: Tötung

causa ficta: Vorwand

5. Der Wolf und das Lamm: lupus et agnus

Aufgaben zum Textverständnis und zur Interpretation

7. Analysiere den Gesprächsverlauf der beiden Tiere. Dabei kannst du auf folgende Punkte eingehen:

   a) Entwickelt sich der Dialog in eine unvorhersehbare Richtung?
   b) Welche Beziehungen haben die Tiere zueinander?
   c) Wie stellen sie sich selber dar?
   d) Ist eine bestimmte Strategie der Gesprächsführung erkennbar?
   e) Wer redet wie viel, wer dominiert das Gespräch? Wer ist der *superiore,* wer der *inferiore* Gesprächspartner?

8. a) Zeige Gemeinsamkeiten und Unterschiede zwischen der Fabel des Phaedrus und der nachfolgenden Fabel von Lessing auf.
   b) In welchem Verhältnis stehen in den beiden Fabeln die Begriffe »Macht und Recht« zueinander?

> Der Durst trieb ein Schaf an den Fluß, eine gleiche Ursache führte auf der andern Seite einen Wolf herzu. Durch die Trennung des Wassers gesichert und durch die Sicherheit höhnisch gemacht, rief das Schaf dem Räuber hinüber: »Ich mache dir doch das Wasser nicht trübe, Herr Wolf? Sieh mich recht an, habe ich dir nicht etwa vor sechs Wochen nachgeschimpft? Wenigstens wird es mein Vater gewesen sein.« Der Wolf verstand die Spötterei; er betrachtete die Breite des Flusses und knirschte mit den Zähnen. »Es ist dein Glück«, antwortete er, »dass wir Wölfe gewohnt sind, mit euch Schafen Geduld zu haben«, und ging mit stolzen Schritten weiter.

9. Beschreibt euch gegenseitig Situationen, in denen ihr selbst (oder über das Fernsehen oder soziale Netzwerke) erlebt habt, dass jemand von einem anderen Menschen unterdrückt wurde. Stellt Gemeinsamkeiten dieser Situationen in Bezug auf die Merkmale der Unterdrücker und der Unterdrückten heraus.

5. Der Wolf und das Lamm: lupus et agnus

1 Ad rivum eundem lupus et agnus venerant
   Zu demselben Bach waren …

   siti compulsi; superior stabat lupus

3 longeque inferior agnus.

   Tunc incitatus fauce improba

   latro causam iurgii intulit:
                einen Grund für einen Streit

5 »Cur«, inquit, »fecisti [bibenti] mihi
                          machst du mir, während ich es trinke,

   aquam turbulentam?«

   Laniger contra timens:

7 »Qui possum facere, quod quereris, lupe?
   Wie   , was du beklagst,

   A te decurrit ad meos haustus liquor.«
   Von dir

9 Repulsus veritatis viribus ille ait:
   Zurückgewiesen Gen.

   »Ante sex menses male dixisti mihi.«
   Vor

11 Respondit agnus: »Equidem natus non eram.«

   »Hercle«, ille inquit, »pater tuus male dixit mihi.«

13 Atque ita correptum lacerat iniusta nece.

   Haec fabula scripta est propter illos homines,
                wurde geschrieben

15 qui fictis causis innocentes opprimunt.
    die

rīvus, -ī *m.*: Bach; **īdem/eadem/idem**: derselbe, dieselbe, dasselbe; **lupus, -ī** *m.*: Wolf; **agnus, -ī** *m.*: Lamm; **sitī compulsus**: von Durst getrieben; **superior**: weiter oben; **īnferior**: weiter unten; **incitātus**: angetrieben; **faux, faucis** *f.*: *hier*: Fressgier; **improbus**: unverschämt; **latrō**: Räuber; **iūrgium, -ī** *n.*: Streit; **causam īnferre** (-tulī, -lātum): einen Grund vortäuschen

bibere: trinken; *PC bezogen auf* mihi – *übersetze erst den Satz ohne das Partizip und füge es dann ein (z. B. mit während)*; **turbulentus**: trüb; **lāniger**: der Wolle tragende; **contrā**: dagegen; **timēns**: fürchtend

quī?: wie?; **quaesō**: bitte; **quod**: *Relativpronomen im Akk. Sg. n.*: was; **querī, queror, questus sum**: beklagen *(Deponens → aktive Übersetzung)*; **dēcurrere**: herunterfließen; **haustus, -ūs** *m.*: Wasserstelle; **liquor** = aqua

repellere, reppulī, repulsum: zurückweisen; **vēritās, vēritātis** *f.*: Wahrheit; **vīribus** *(Dat./Abl. Pl.)* → **vīs**: Kraft; **male dīcere** *(+ Dat.)*: beleidigen

equidem: ich *(betont)* … doch; **nātus**: geboren
hercle: beim Herkules!

correptum lacerat: *übersetze*: corripit et lacerat; **corripere, -ripuī, -reptum**: an sich reißen; **lacerāre**: zerreißen; **iniūstus**: ungerecht; **nex, necis** *f.*: Tötung
haec: *gehört zu* fabula: haec fabula scrīpta est; **propter** *(+ Akk.)*: wegen
quī: *Nom. Pl.*: (Menschen), die; **causa ficta**: Vorwand; **innocentēs**: *hier*: die Unschuldigen; **opprimere**: unterdrücken

6. Die Frösche wollten einen König: ranae regem petiverunt

Aufgaben zur Texterschließung

1. Vergleiche die beiden Bilder im Hinblick auf die Möglichkeit zur Selbstentfaltung.

2. *Ranae regem petiverunt* – Die Frösche verlangten einen König. Überlege dir vor der Textbegegnung, welche Bedeutung einem König zukommt und welche Funktion dieser erfüllen muss/soll.

3. Um einen weiteren Überblick über das Geschehen zu bekommen, schreibe die Handlungsträger und deren Verbalinformationen heraus. Beschränke dich dabei auf die Hauptsätze.

Versangabe	Handlungsträger		Verbalinformationen
	rana/ranae	*Iuppiter*	notw. Ergänzung + Prädikat
1 f.	Ranae	ab Iove	regem petiere

4. Im lateinischen Text tauchen die beiden Götter Jupiter und Merkur auf. Informiere dich in einem Lexikon oder im Internet darüber, welche Aufgabenbereiche diesen beiden Göttern zugeschrieben werden, und deute vor dem Hintergrund die Vorgehensweise der Frösche.

6. Die Frösche wollten einen König: ranae regem petiverunt

1   Ranae, vagantes liberis paludibus,

    clamore magno regem petiere ab Iove,

3   qui dissolutos mores vi compesceret.

    Pater deorum risit atque illis dedit

5   parvum tigillum, missum quod subito vadis

    motu sonoque terruit pavidum genus.

7   Hoc mersum limo cum iaceret diutius,

    forte una tacite profert e stagno caput,

9   et explorato rege cunctas evocat.

    Illae timore posito certatim adnatant,

11 lignumque supra turba petulans insilit.

    Quod cum inquinassent omni contumelia,

13 alium rogantes regem misere ad Iovem,

    inutilis quoniam esset qui fuerat datus.

15 Tum misit illis hydrum, qui dente aspero

    corripere coepit singulas. Frustra necem

17 fugitant inertes; vocem praecludit metus.

    Furtim igitur dant Mercurio mandata ad Iovem,

19 adflictis ut succurrat. Tunc contra tonans

    »Quia noluistis vestrum ferre«, inquit, »bonum,

21 malum perferte.«

---

vagārī: herumlaufen; **palūs,** palūdis *f.:* Sumpf; **petiēre** = petīvērunt; **dissolūtus:** ungezügelt; **compescere:** einschränken, bändigen

tigillum, -ī *n.:* Holzbalken; **vadum,** -ī *n.:* Untiefe; **pavidus:** furchtsam

mergere, mersī, mersum: versenken; *im Pass.:* untergehen; **līmus,** -ī *m.:* Schlamm; **tacitē** *(Adv.):* schweigend; **prōferre:** herausstrecken; **stāgnum,** -ī *n.:* Tümpel

certātim: im Wettstreit; **adnatāre:** heranschwimmen; **petulāns:** frech, herausfordernd; **īnsilīre:** aufspringen

inquināre: beschmutzen; **contumēlia:** Schande; **mīsēre** = mīsērunt **inūtilis:** unnütz; **fuerat datus** = datus erat; *stelle:* quoniam inūtilis esset, quī …

hydrus, -ī *m.:* Wasserschlange **inertēs:** die Hilflosen; **vōcem praeclūdere:** die Stimme ersticken

fūrtim: heimlich; **dare:** *hier:* überreichen; **adflīctīs:** den übel Zugerichteten; **succurrere:** zu Hilfen eilen; **tonāre:** donnern

6. Die Frösche wollten einen König: ranae regem petiverunt

Aufgaben zum Textverständnis und zur Interpretation

5. In dieser Fabel taucht das Schema actio-reactio-Folge häufiger auf. Gliedere den Text so, dass diese Dreiteilung am Text erkennbar wird. Welche strukturelle, aber auch inhaltliche Entwicklung kannst du feststellen?

6. In Vers 20 bzw. 21 tauchen die Begriffe *bonum* (das Gute)/*malum* (das Schlechte) auf. Was verbirgt sich hinter diesen beiden Begriffen?

7. Ein Zeitgenosse des Phaedrus, Valerius Maximus, hat folgende Anekdote über den Tyrannen Dionysius verfasst. Zeige auf, inwiefern die Bildbereiche der Fabel auf den Sachteil der Anekdote übertragbar sind.

> Während alle Leute mit ihren Gebeten den Tod des Tyrannen Dionysius herbeiwünschten, und zwar wegen der übermäßigen Härte seiner Sitten und den unerträglichen Lasten, da betete eine gewisse Frau höchsten Greisenalters ganz allein täglich zu früher Stunde zu den Göttern, er möge unversehrt bleiben und sie überleben. Als Dionysius dies erfuhr, staunte er über das ihm nicht geschuldete Wohlwollen und ließ die Frau kommen; er fragte sie, weshalb sie dies tue oder für welchen Verdienst seinerseits. Darauf antwortete sie: »Der Grund meines Planes ist ein guter: Weil wir einen harten Tyrannen hatten, wünschte ich als kleines Mädchen, von ihm frei zu sein. Nachdem er ermordet worden war, nahm ein noch abscheulicherer die Burg in Besitz. Dass auch seine Herrschaft möglichst schnell zu Ende gehe, war mir viel wert. Als dritten bekamen wir dich, einen noch rücksichtsloseren als die Vorgänger, zum Volksführer. Deshalb gebe ich meinen Kopf für dein Heil hin, damit, wenn du dahingerafft bist, nicht ein noch schlimmerer an deiner Stelle folgt.« Dionysius wagte es nicht, eine so witzige Verwegenheit zu bestrafen.

8. Wer nicht zufrieden ist mit dem, was er hat, wäre auch nicht zufrieden mit dem, was er haben könnte.

   a) Notiere, was dir zur Zeit fehlt, um evtl. zufriedener zu sein. Ordne deine Wünsche den Bereichen Abstrakta (etwas nicht Gegenständliches) und Konkreta (etwas Gegenständliches) zu.

   b) Begründe, warum du meinst, dass du dich nach der Erfüllung deiner Wünsche besser fühlen würdest

Abstrakta	Konkreta

6. Die Frösche wollten einen König: ranae regem petiverunt

1 Ranae, vagantes liberis paludibus,
Als die Frösche in den freien Sümpfen umherliefen

   clamore magno regem petiere ab Iove,

3   qui dissolutos mores vi compesceret.
    der

   Pater deorum risit atque illis dedit parvum tigillum,

5   quod subito vadis missum
    der plötzlich in die Untiefen geworfen wurde

   motu sonoque pavidum genus terruit.
   und durch

7   Cum hoc mersum limo diutius iaceret,
    Als dieser untergegangen war und

   forte una caput e stagno tacite profert,

9   et explorato rege cunctas evocat.
        Abl. abs.

   Illae timore posito certatim adnatant,
   Jene (= die Frösche)   Abl. abs.

11 supra lignum turba petulans insilit.

   Cum quod omni contumelia inquinassent,
   Nachdem sie es (= das Holz)

13 alium regem rogantes ad Iovem miserunt,
   einen anderen König erbittend,

   quoniam, qui datus erat, inutilis esset.
   weil der (König), der ihnen gegeben

15 Tum misit illis hydrum,

   qui dente aspero singulas corripere coepit.

17 Frustra necem fugitant inertes; vocem praecludit metus.

   Furtim igitur Mercurio mandata ad Iovem dant,
   Also überreichen sie heimlich   für Jupiter

19   ut adflictis succurrat. Tunc contra tonans
    dass er   Daraufhin antwortete der Donnernde:

   »Quia noluistis vestrum ferre«, inquit, »bonum,
   Weil ihr

21 malum perferte.«

---

rāna, -ae *f.*: Frosch; **vagārī**: herumlaufen; **palūs**, palūdis *f.*: Sumpf; **clāmōr**, -ris *m.*: Geschrei; **petere**: erbitten (petiēre = petīvērunt); **Iuppiter**, Iovis: Jupiter; **rēgem, quī** + *Konjunktiv* = *finaler Relativsatz (Übersetzung mit »soll«)*; **dissolūtus**: ungezügelt; **mōs**, mōris *m.*: Sitten; **vī** → vīs; **compescere**: einschränken, bändigen

rīsit → rīdēre; **dedit** → dare **parvus**: klein; **tigillum**, -ī *n.*: Holzbalken; **vadum**, -ī *n.*: Untiefe; **missum**: *PC, bezogen auf quod: löse mit Beiordnung auf:* wurde … geworfen und; **mōtus**: -ūs *m.*: Bewegung; **sonus**, -ūs *m.*: Geräusch; pavidus: furchtsam

cum: *Nebensatzeinleitung*; **mergere**, mersī, mersum: versenken, *im Pass.*: untergehen; **līmus**, -ī *m.*: Schlamm; **diūtius**: längere Zeit; **iacēre**: liegen; **forte**: zufällig; **ūna**: *erg.* rāna; **stāgnum**, -ī *n.*: Tümpel; **tacitē** *(Adv.)*: schweigend; **prōferre**: herausstrecken; **explōrāre**: erkundschaften; **cūnctī**, ae, a: alle

pōnere, pōnō, posuī, positum: ablegen *(hier Partizip des Abl. abs.)*; **certātim**: im Wettstreit; **adnatāre**: heranschwimmen; **suprā** *(m. Akk.)*: oben auf; **lignum**, -ī *n.*: Holz; **petulāns**: frech, herausfordernd; **īnsilīre**: springen **cum**: als/nachdem; **contumēlia**: Schande; **inquināre**: beschmutzen

mīsēre = mīsērunt; **rogantēs**: *PC bezogen aufs Subjekt* [alium rēgem rogantēs] mīsērunt **quoniam**: weil; **inūtilis**: unnütz; **fuerat datus** = datus erat; *stelle um*: quoniam inūtilis esset, quī …

mīsit: *Subjekt ist Jupiter*; **hydrus**, -ī *m.*: Wasserschlange; **asper**, aspera, asperum: scharf; **dēns**, dentis *m.*: Zahn; **corripere**: ergreifen; **frūstra**: vergeblich; **nex**, necis *f.*: Tod; **fugitāre** *(m. Akk.)*: fliehen vor; **inertēs**: die Hilflosen *(Nom. Pl.)*; **vōcem praeclūdere**: die Stimme ersticken **fūrtim**: heimlich; **mandātum**: Botschaft; **ad**: *hier*: für; **dare**: *hier*: überreichen

ut: damit; **adflīctīs**: den übel Zugerichteten *(Dat. Pl.)*; **succurrere**: zu Hilfe eilen; **tonāre**: donnern

nōlle: nicht wollen; **vestrum bonum**: das für euch Gute; **ferre/perferre**: dulden, ertragen; **perferte**: *Imperativ Plural (= Befehlsform)*

7. Der Wolf zum Hund: lupus ad canem

Aufgaben zur Texterschließung

1. Erläutere, in welchen Situationen davon gesprochen werden kann, dass sich jemand »im goldenen Käfig« befindet.

2. Überlege dir, wo der Hund *(canis)* und der Wolf *(lupus)* beheimatet sind und wie die beiden Tiere von uns Menschen wahrgenommen werden.

canis	lupus

3. Stelle Vermutungen darüber an, welche inhaltliche Auseinandersetzung im Dialog der beiden Tiere stattfinden könnte.

4. Verschaffe dir einen ersten Überblick über den Aufbau der Fabel, indem du die unterschiedlichen Sprechanteile farbig markierst.

5. Stelle aus dem Text zusammen, was wir über das Leben der beiden Tiere erfahren (mit Versangabe).

canis	lupus
wohlgenährt *(perpasto,* V. 1)	

7. Der Wolf zum Hund: lupus ad canem

1 Cani perpasto macie confectus lupus
   forte occurrit. Dein, salutati invicem
3 ut restiterunt. »Unde sic, quaeso, nites?
   Aut quo cibo fecisti tantum corporis?
5 Ego, qui sum longe fortior, pereo fame.«

   Canis simpliciter: »Eadem est condicio tibi,
7 praestare domino si par officium potes.«
   »Quod?«, inquit ille. »Custos ut sis liminis,
9 a furibus tuearis et noctu domum.
   Affertur ultro panis. De mensa sua
11 dat ossa dominus. Frusta iactat familia,
   et, quod fastidit, quisque pulmentarium.
13 Sic sine labore venter impletur meus.«

   »Ego vero sum paratus: nunc patior nives
15 imbresque in silvis asperam vitam trahens.
   Quanto est facilius mihi sub tecto vivere,
17 et otiosum largo satiari cibo!«

   »Veni ergo mecum.« Dum procedunt, aspicit
19 lupus a catena collum detritum canis.
   »Unde hoc, amice?« »Nil est.« »Dic, sodes, tamen.«
21 »Quia videor acer, alligant me interdiu,
   luce ut quiescam, et vigilem, nox cum venerit:
23 Crepusculo solutus, qua visum est, vagor.«
   »Age, si quo abire est animus, est licentia?«
25 »Non plane est«, inquit. »Fruere, quae laudas, canis.
   Regnare nolo, liber ut non sim mihi.«

perpāstus: wohlgenährt; **maciēs,** maciēī *f.:* Magerkeit; **cōnfectus:** geschwächt
invicem: gegenseitig; **ut:** als; **restāre,** restō, restitī: stehenbleiben;
nitēre: fett sein

longē: bei weitem; **perīre:** zugrunde gehen

simpliciter: ehrlich; **condiciō:** Zustand

līmen, -minis *n.:* Schwelle, Eingang; **fūr,** -ris *m./f.:* Dieb(in); **tuērī:** beschützen; **ultrō:** aus freien Stücken; **pānis,** -is *m.:* Brot; **os,** ossis *n.:* Knochen; **frūstum,** -ī *n.:* Brocken, Bissen; **fastīdīre:** verschmähen; **pulmentārium:** (aus Fleisch pürierte) Beilage; **venter,** ventris *m.:* Bauch, Magen

patī, patior: ertragen; **nix,** nivis *f.:* Schnee; **imber,** -bris *m.:* Regen; **trahere:** *hier:* führen

tēctum: Dach; **largus:** freigebig, reichlich

prōcēdere: weitergehen; **catēna,** -ae *f.:* Fessel; **dēterere,** -trīvī, -trītum: abreiben

sōdēs: bitte

alligāre: anbinden; **interdiū:** tagsüber; **vigilāre:** wachen, bewachen; **crepusculum,** -ī *n.:* Abenddämmerung; **quā vīsum est:** wohin ich auch will; **vagārī:** umherschweifen

age: sag! **quō** = aliquō: irgendwohin; **animus est:** du hast Lust; **licentia:** Freiheit; **plānē:** durchaus; **fruī:** genießen; **rēgnāre:** üppig wie ein König leben; **ut:** sofern

7. Der Wolf zum Hund: lupus ad canem

Aufgaben zum Textverständnis und zur Interpretation

6. Suche dir aus dem Wortfeldkasten Begriffe aus, die deiner Meinung nach auf die Fabel anwendbar sind, und kategorisiere diese. Begründe deine Entscheidung.

> Autonomie, Emanzipation, Einschränkung, Eigenständigkeit, Zwang, Selbstbestimmung, Freizügigkeit, Nötigung, Ungebundenheit, Knechtschaft, Autarkie, Bevormundung, Ungezwungenheit, Willkür, Unterwerfung, Entwicklungsmöglichkeit, Wille, Wunsch, Pflicht, Abhängigkeit, Privileg, Mündigkeit

7. »Die Freiheit des Menschen liegt nicht darin, dass er tun kann, was er will, sondern dass er nicht tun muss, was er nicht will.« (Jean-Jacques Rousseau, 1712–1778).
Inwieweit lässt sich dieser Aphorismus auf die Fabel, aber auch auf das eigene Leben anwenden? Finde eigene konkrete Beispiele.

8. a) Gibt es Situationen in deinem Leben, in denen du dich fühlst wie im »goldenen Käfig«? Schildere diese Situationen.

   b) Diskutiert, ob es Möglichkeiten gibt, sich vor dem Eingesperrtsein im goldenen Käfig zu schützen.

9. Der Wolf empfindet Mitleid mit dem Hund und möchte ihm den Vorteil seiner Lebensweise schmackhaft machen. Überzeuge den Hund mit einer packenden Rede, in der du mindestens drei schlagkräftige Argumente und Beispiele einbaust.

7. Der Wolf zum Hund: lupus ad canem

1 Cani perpasto   macie confectus lupus
  Einem wohlgenährten Hund

  forte occurrit. Dein, ut   salutati invicem
                , als sie   nach gegenseitiger Begrüßung

3 restiterunt, [dixit]: »Unde sic, quaeso, nites?

  Aut   quo cibo   fecisti   tantum corporis?
                            einen so gewaltigen Körperumfang?

5 Ego, qui sum longe fortior, pereo fame.«

  Canis simpliciter: »Eadem est condicio tibi,

7 si domino   par officium   praestare potes.«

  »Quod?«, inquit ille. »Ut custos liminis sis,

9 et   noctu   domum   a furibus   tuearis.

  Affertur ultro panis. De mensa sua

11 dat ossa dominus. Frusta iactat familia,

   et quisque pulmentarium [iactat], quod fastidit.
   und jeder die Fleischbeilage, die er

13 Sic   sine labore venter   impletur   meus.«

   »Ego vero sum paratus: nunc patior   nives

15 imbresque [in silvis   asperam vitam   trahens]^PC.

   Quanto facilius est   mihi   sub tecto vivere,
   Um wieviel einfacher

17 et otiosum   largo cibo   satiari!«

   »Veni ergo mecum.« Dum procedunt, aspicit

19 lupus   collum canis [a catena detritum].

   »Unde hoc, amice?« »Nil est.« »Dic, sodes, tamen.«

21 »Quia videor acer,   alligant me interdiu,

   ut luce quiescam, et [ut] vigilem, cum nox venerit:

23 Crepusculo solutus,   qua visum est, vagor.«
   werde ich losgebunden und

   »Age, si quo abire est animus, est licentia?«
                                              darfst du das?

25 »Non plane est«, inquit. »Fruere, quae laudas, canis.

   Regnare nolo, ut non liber mihi sim.«

---

perpāstus: wohlgenährt (*hier Dat. Sg., kongruent zu* canī); **maciēs,** maciēī *f.:* Magerkeit; **cōnfectus:** geschwächt; **dein** = deinde; **ut:** als; **salūtātī:** *PC, übersetzte mit* nachdem (salūtārī: sich grüßen); **invicem:** gegenseitig; **restāre,** restō, restitī: stehenbleiben; **unde:** warum?; **nitēre:** fett sein; **cibus,** -ī *m.:* Speise; **tantum corporis:** *Gen. partitivus:* so einen großen Körperumfang; **quī:** der ich; **longē:** bei weitem; **fortior:** *Komparativ zu* fortis, **perīre:** zugrunde gehen; **famēs,** -is *f.:* Hunger

simpliciter: ehrlich; **eadem:** *f. von* īdem: derselbe; **condiciō:** Zustand; **pār:** gleich; **praestāre:** leisten, verrichten; **quod:** was?; **ut** + *Konj. hier:* wenn; **custōs:** Wächter; **līmen,** -minis *n.:* Schwelle, Eingang; **sīs** → esse; **domus,** -ūs *f.:* Haus; **fūr,** -ris *m./f.:* Dieb(in); **tuērī:** beschützen (*Deponens* → *aktive Übersetzung!*); **afferre:** bringen (*hier im Passiv*); **ultrō:** aus freien Stücken; **pānis,** -is *m.:* Brot; **os,** ossis *n.:* Knochen; **frūstum,** -ī *n.:* Brocken, Bissen; **familia:** *hier:* Dienerschaft; **quod:** *bezieht sich auf* pulmentarium; **fastīdīre:** verschmähen; **quisque:** jeder; **pulmentārium,** -ī *n.:* (aus Fleisch pürierte) Beilage; **labor,** -ōris *m.:* Anstrengung; **venter,** ventris *m.:* Bauch, Magen; **implēre:** füllen (*im Passiv:* gefüllt werden/sich füllen)

parātus: bereit; **patī,** patior: ertragen (*Deponens*); **nix,** nivis *f.:* Schnee; **imber,** -bris *m.:* Regen; **asper:** rau; **trahēns:** *hier:* und ich führe *(PC, Beziehungswort ist das Subjekt* »ich«); **quantō:** um wieviel; **facilius:** *Komparativ;* **sub** (+ *Abl.*): unter; **tēctum:** Dach; **otiosus:** gemütlich; **largus:** freigebig, reichlich; **satiārī:** *Präsens Passiv von* satiāre: sättigen

venī: *Imperativ/Befehlsform von* venīre; **dum:** während; **prōcēdere:** weitergehen; **catēna:** Fessel; **collum:** Hals; **dēterere,** -trīvī, -trītum: abreiben; *übersetze das Partizip mit Relativsatz;* **canis:** *hier Genitiv;* **unde:** von wo/woher; **dīc:** *Imperativ von* dīcere; **sōdēs:** bitte; **videor:** ich erscheine; **ācer:** bissig; **alligāre:** anbinden; **interdiū:** tagsüber; **ut:** damit; **lūce:** am Tag; **vigilāre:** wachen, bewachen; **cum:** wenn; **crepusculum,** -ī *n.:* Abenddämmerung; **solūtus:** *PC:* werde ich losgebunden und; **quā vīsum est:** wohin ich auch will; **vagārī:** umherschweifen (*Deponens*); **age:** Sag! **quō** = **aliquō:** irgendwohin; **animus est:** du hast Lust; **licentia:** Freiheit; **plānē:** durchaus; **fruere:** *Imperativ des Deponens* fruī: genießen; **quae** (*Akk. n. Pl.*): das, was; **rēgnāre:** üppig wie ein König leben; **nōlle:** nicht wollen; **ut:** sofern; **līber:** frei

Abbildungsverzeichnis:
Adobe Stock: S. 4 (© Sergey Nivens); S. 24 links (© JenkoAtaman); S. 24 rechts (© Prazis Images); S. 28 (© diez-artwork)
Dreamstime.com: S. 8 (© Elistratova Tatyana)

Bibliografische Information der Deutschen Nationalbibliothek:
Die Deutsche Nationalbibliothek verzeichnet diese Publikation in der
Deutschen Nationalbibliografie; detaillierte bibliografische Daten sind
im Internet über http://dnb.de abrufbar.

© 2019, Vandenhoeck & Ruprecht GmbH & Co. KG, Theaterstraße 13, D-37073 Göttingen
Alle Rechte vorbehalten. Das Werk und seine Teile sind urheberrechtlich
geschützt. Jede Verwertung in anderen als den gesetzlich zugelassenen Fällen
bedarf der vorherigen schriftlichen Einwilligung des Verlages.

Umschlagabbildung: © Shutterstock Nr. 52349377

Satz: SchwabScantechnik, Göttingen
Druck und Bindung: ⊕ Hubert & Co. BuchPartner, Göttingen
Printed in the EU

Vandenhoeck & Ruprecht Verlage | www.vandenhoeck-ruprecht-verlage.com

ISBN 978-3-525-71137-8